LE VÉTÉRAN,

OU

LE BUCHERON DÉSERTEUR;

Pantomime hiſtorique, en trois Actes.

LE VÉTÉRAN,

OU

LE BUCHERON DÉSERTEUR;

Pantomime historique, en trois actes;

Par M. ARNOULD.

Représentée pour la première fois, sur le Théâtre de l'Ambigu-Comique, le 27 Juin 1786.

Prix douze sols.

A PARIS,

Chez GUILLOT, Libraire de MONSIEUR, frère du Roi, rue S. Jacques, vis-à-vis celle des Mathurins.

M. DCC. LXXXVI.

AVERTISSEMENT.

CETTE petite Pantomime, dont le Sujet fut puisé dans les Papiers publics du tems, approuvée en Septembre 1784, eut été donnée au Public, sur le Théâtre de l'Ambigu-Comique, à-peu-près à cette époque, sans les sollicitations de M. Parisea.., qui, pour lors, en avoit une dans le même genre, & qu'il parvint à faire jouer, à l'exclusion de celle-ci. Je ne sais trop s'il eut lieu de s'applaudir de son triomphe ; mais ce qu'il y a de très-certain, c'est qu'elle fut ÉCOUTÉE avec assez de patience, pendant tout le premier Acte ; qu'elle fut huée depuis la *moitié du second jusqu'à la fin du troisième, & généralement sifflée à la chûte du rideau, qui entraîna totalement avec elle celle de la Pantomime; car elle n'eut que cette seule représentation. Si celle-ci en a deux, je suis vengé.*

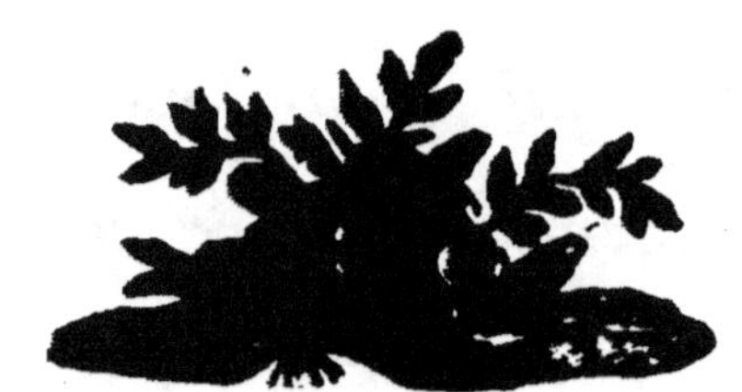

ACTEURS.

M. DEVANNES, ancien Militaire, décoré de la Croix de S. Louis.

Mme DEVANNES.

ELIZE, fille d'un Fermier, attachée à Mme Devannes & sa filleule.

Le Colonel du Régiment de T***.

Plusieurs Officiers du même Régiment.

SAINT-AMAN, Déserteur du Régiment de T***.

Un Brigadier & deux Cavaliers de Maréchaussée.

Un Laquais au service de M. Devannes.

Un Géolier.

Trois Brigands.

*La Scène se passe, en partie, dans la forêt de B****, proche la petite ville de M***, à trois lieues de Pa****.*

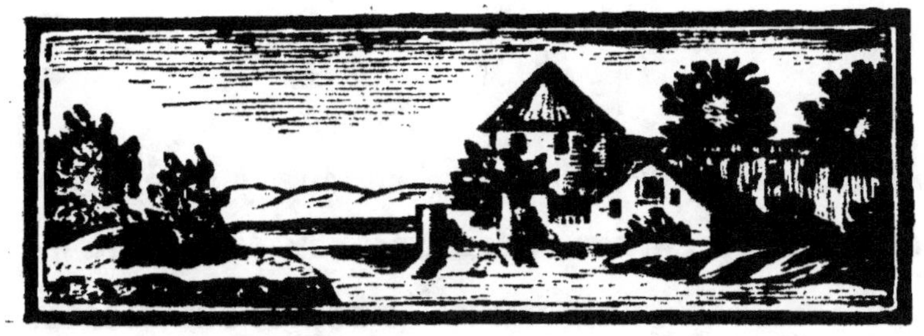

LE VÉTÉRAN,

OU

LE BUCHERON DÉSERTEUR;

Pantomime Historique, en trois Actes.

ACTE PREMIER.

Le Théâtre représente une partie de la Forêt de B..... On apperçoit dans le fond & sur la droite une cabane de Bucheron.

SCÈNE PREMIÈRE.

MONSIEUR & Madame Devannes, accompagnés d'Elize, & suivis d'un Laquais, se promènent dans la forêt & la traversent après avoir pris quelques rafraichissemens.

SCÈNE II.

Saint-Aman ſort de ſa cabane ; il eſt occupé de quelques réflexions qui le tourmentent; mais ſa gaieté naturelle reprenant bientôt le deſſus, il tire de ſa poche une petite bouteille, boit un coup, prend ſa hache & s'occupe à couper du bois.

On entend au loin quelques coups de piſtolet. Saint-Aman quitte ſon ouvrage pour examiner d'où ils partent.

SCÈNE III.

Elize, les cheveux épars & les yeux égarés, accourt, ſe précipite aux pieds du Bucheron, & le ſupplie de la ſauver des Brigands qui la pourſuivent. Il la relève, regarde au loin; & appercevant les Brigands s'approcher, il la conduit promptement dans ſa cabane, dont il ferme la porte, & s'avance, la hache à la main, du côté d'où le bruit eſt parti.

SCÈNE IV.

Deux Brigands, bien armés, paroissent; ils cherchent avec empressément la proie qui leur est échappée. La cabane du Bucheron frappe leurs regards. Ils s'en approchent avec précaution, prêtent l'oreille, enfoncent la porte, & entrent dans la cabane.

SCÈNE V.

Un troisième Brigand, serré de près par le Bucheron qui le poursuit à coups de hache traverse précipitamment le Théâtre. Un de ceux qui sont entrés dans la cabane vient au secours de son camarade; mais ne pouvant résister à l'impétuosité avec laquelle le Bucheron les attaque, ils se battent en retraite, & prennent la fuite, poursuivis par Saint-Aman.

SCÈNE VI.

Le troisième Brigand, qui est resté dans la cabane, saisit cet instant pour en sortir, &

en arracher Elize, qu'il entraine dans la forêt, en lui tenant un poignard sur la gorge.

SCÈNE VII.

Le Bucheron, débarrassé de ses deux Adversaires, revient sur ses pas; & appercevant Elize entre les mains du Brigand qui l'entraine, il vole à son secours & la délivre. Le Brigand fait encore quelque résistance; mais enfin il succombe, & on le perd de vue. Pendant ce tems, Elize s'est trainée jusqu'à la porte de la cabane, où elle est tombée évanouie.

SCÈNE VIII.

Le Bucheron, la voyant dans cet état, s'empresse à lui donner du secours.

SCÈNE IX.

M. & Mme Devannes paroissent. Ils sont accompagnés d'un Brigadier, de deux Cavaliers de Maréchaussée & d'un Laquais. Ils frémissent en appercevant Elize au pouvoir du

Bucheron, qu'ils prennent d'abord pour un de ses ravisseurs. Le Brigadier ordonne à ses Cavaliers de s'emparer de lui. Le Bucheron, fier de son innocence, ne résiste point & demande la permission de s'expliquer, mais on ne lui en donne pas le tems, & les deux Cavaliers l'emmènent.

SCÈNE X.

Elize reprend peu-à-peu ses esprits. A peine ose-t'elle lever les yeux sur ceux qui l'environnent; mais aux tendres caresses qu'elle en reçoit, elle a bientôt reconnu M. & Mme Devannes, dans les bras desquels elle se précipite; puis se rappellant le souvenir de son Libérateur, son œil inquiet le cherche de tous côtés, mais envain; incertaine sur son sort, elle veut demander quelques éclaircissemens, lorsque M. & Mme Devannes l'engagent à reprendre promptement, avec eux, le chemin du château.

SCÈNE XI.

Le Brigadier de Maréchaussé, qui, pendant ce tems, est entré dans la cabane pour en faire la visite, en sort tenant un habit complet d'uniforme du Régiment de T.... Cet habit lui fait naître des soupçons ; il fouille dans les poches & y trouve un papier sur lequel est écrit : *un passe droit causa ma désertion.* Cet écrit justifiant pleinement les doutes du Brigadier sur l'état du Bucheron, il remet l'habit entre les mains du Laquais, & sort avec lui pour aller donner avis de sa découverte à l'Etat-Major du Régiment dont il a reconnu l'uniforme.

Fin du premier Acte.

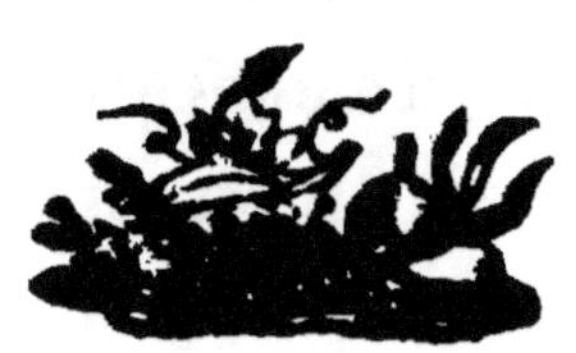

ACTE II.

Le Théâtre repréſente une priſon.

SCÈNE PREMIÈRE.

SAINT-AMAN, la tête appuyée ſur ſes deux mains, eſt aſſis devant une petite table, ſur laquelle eſt un pot de terre & un morceau de pain ; de l'autre côté eſt ſon habit d'uniforme poſé ſur un eſcabeau. Il eſt plongé dans une rêverie profonde.

SCÈNE II.

Un Géolier lui apporte une bouteille de vin ; Saint-Aman le prie de le laiſſer tranquille ; le Géolier ſaiſit cet inſtant pour en boire une partie, & remettre le reſte ſur la table ; après quoi il ſe retire en ſouriant de la tricherie qu'il vient de faire au priſonnier.

SCÈNE III.

Saint-Aman, reſté ſeul, ſort de la rêverie

profonde où il étoit plongé, & se plaint de la rigueur de son sort.

SCÈNE IV.

Une partie de l'Etat-Major du Régiment de T.... arrive dans la prison Saint-Aman; se lève & salue respectueusement ses Officiers. On l'accuse du crime de désertion; il en convient : en conséquence, il est condamné à passer au Conseil de Guerre. Tous les Officiers sont touchés de la perte de ce brave Soldat.

SCÈNE V.

A l'instant arrive Elize. La tristesse répandue sur tous les visages, l'instruisant suffisamment de ce qui se passe, elle se jette aux genoux du Major, & le supplie, les larmes aux yeux, de lui accorder la grace de son Libérateur. Le Major se refuse poliment à ses instances, & s'excusant sur l'impossibilité de le soustraire aux rigueurs de la loi, il se retire avec les autres Officiers.

SCÈNE

SCÈNE VI.

Elize, outrée, hors d'elle-même, s'emporte avec violence contre l'inflexibilité du Militaire; mais rappellée bientôt à des sentimens plus tendres, elle prodigue à son Libérateur les marques de la plus vive sensibilité; & s'accusant d'être, quoiqu'innocemment, la cause du malheur qui lui arrive, elle se livre à l'affliction la plus profonde.

Saint-Aman essaye de rendre le calme à ses sens; il la rassure, & lui dit qu'ayant eu le bonheur de sauver ses jours en lui conservant l'honneur, la douceur qu'il goûte en la voyant touchée de son sort, lui en fait aisément supporter la rigueur, & qu'il mourra satisfait.

SCÈNE VII.

Devannes arrive. Elize se jette dans ses bras en lui annonçant que celui à qui elle doit l'honneur & la vie, va périr pour lui avoir conservé l'un & l'autre. Devannes fait tous ses efforts pour la tranquilliser sur le sort de ſon Libérateur, auquel il promet d'employer ſa fortune & ſon crédit pour le dérober à la rigueur de la loi ; & ſort avec Elize dans l'intention d'exécuter ſa promeſſe.

SCÈNE VIII.

Saint-Aman, attendri par les ſentimens nouveaux que lui ont inſpiré l'attachement & la reconnoiſſance d'Elize, ſe livre, pendant quelques inſtans, à la plus douce eſpérance.

On entend, au loin, le bruit des Tambours.

Il écoute. Toutes ſes eſpérances ſont détruites ; il frémit en ſongeant que ſon dernier moment approche.

SCÈNE IX.

Le Géolier paroît, ſuivi d'un Sergent, accompagné de quatre Grenadiers & de quatre Fuſiliers.

Le Sergent reconnoît d'abord Saint-Aman, à qui il témoigne tout le chagrin qu'il reſſent d'être forcé de s'emparer de lui ; on l'enveloppe, & on le fait ſortir pour le conduire ſur la place d'armes.

SCÈNE X.

Le Géolier, les bras croiſés, les regarde ſortir : un ſimple mouvement d'épaules annonce la part qu'il prend au ſort du Déſerteur; puis appercevant la bouteille qu'a laiſſée Saint-Aman, il ſourit, la prend, la vuide d'un ſeul trait & ſe retire.

Fin du ſecond Acte.

ACTE III.

Le Théâtre représente une Place publique. dans le milieu & dans le fond, est un petit terrein élevé en pente, au pied duquel on fait agenouiller le Déserteur à qui l'on doit casser la tête, ainsi qu'il étoit autrefois d'usage dans les Villes de guerre.

SCÈNE PREMIÈRE.

Les Troupes défilent & bordent la haie. Dans le fond on apperçoit une foule de peuple empressée de voir ce qui se va passer.

Le bruit des tambours qui s'approchent peu-à-peu, annonce l'arrivée du Déserteur. Il se fait un léger mouvement dans toute la troupe.

SCÈNE II.

Saint-Aman paroît, accompagné de quatre Grenadiers ayant un Sergent à leur tête. Ils filent le long des rangs & s'arrêtent à-peu-près dans le milieu de la place.

Arrivé-là, Saint-Aman jette un coup d'œil fur fes camarades & leur dit adieu.

SCÈNE III.

Elize accourt & fait figne de fufpendre l'exécution. Deux Soldats, croifant leurs fufils, s'oppofent à fon paffage. Les efforts qu'elle fait pour aller jufqu'à Saint-Aman, devenant inutiles, elle lui tend les bras, l'appelle, & tombe épuifée de fatigue & de douleur. On s'empreffe à lui donner du fecours.

A cet afpect, Saint-Aman, tout hors de lui, demande avec inftance qu'on l'arrache à cette fituation déchirante. On lui couvre les yeux d'un mouchoir & on le fait mettre à genoux près du terrein, la face tournée du côté des Spectateurs.

Le Major donne le fignal. Les tambours battent le banc. Quatre Grenadiers s'avancent & fe difpofent à coucher en joue le Déferteur.

SCÈNE IV.

Arrive à l'inſtant M. Devannes, la grace du Déſerteur à la main; Elize reprend peu-à-peu ſes eſprits. Lecture faite, le Major ordonne aux Grenadiers de ſe retirer. Elize voyant une douce ſatisfaction briller dans tous les yeux, s'élance vers Saint-Aman qu'elle aide à ſe relever, & lui ôte, elle-même, le funeſte bandeau dont ſes yeux ſont couverts, avec les démonſtrations de la joie la plus vive. Saint-Aman interdit, tranſporté, tombe aux genoux d'Elize, en prenant une de ſes mains qu'il porte reſpectueuſement à ſa bouche.

Devannes tire de ſa poche un brevet de vétérance qu'il vient d'obtenir en faveur de Saint-Aman qui l'avoit mérité, & le préſente au Colonel, le remet avec joie à Saint-Aman, qni demande à continuer ſon ſervice.

Au bruit des tambours, on le fait paſſer ſous le drapeau. Il eſt réhabilité.

On lui préſente ſon habit d'uniforme, qu'il revêt avec empreſſement. Le Colonel lui attache la plaque de Vétérance, après quoi Saint-Aman met un genou à terre & reçoit de lui l'accolade.

Tous les Officiers, rangés en demi-cercle autour de lui, l'embrassent & le félicitent.

On fait défiler la troupe; & le peuple satisfait d'avoir vu récompenser le mérite, se livre à la joie.

Fin du tr[illegible] dernier Acte.

Lu & approuvé, le 27 Juin 1786. SUARD.

Vu l'Approbation, permis d'imprimer, à Paris ce 27 Juin 1786. DE CROSNE.

De l'Imprimerie de QUILLAU, rue du Fouare, N°. 3.

www.ingramcontent.com/pod-product-compliance
Lightning Source LLC
LaVergne TN
LVHW020633110826
845149LV00004B/1171

* 9 7 8 2 0 1 9 1 9 2 5 4 9 *